Inhalt

Bonus-, Sprint- und Outperformance-Zertifikate - individuelle Anlagemöglichkeiten für Investoren

Kernthesen

Beitrag

Fallbeispiele

Weiterführende Literatur

Impressum

Bonus-, Sprint- und Outperformance-Zertifikate - individuelle Anlagemöglichkeiten für Investoren

M.Floßmann

Kernthesen

- Bonus-, Sprint- und Outperformance-Zertifikate sind strukturierte Anlageprodukte, die durch die Kombination mehrerer Instrumente wesentlich individuellere Anlagemöglichkeiten bieten, als dies beispielsweise bei klassischen Optionsscheinen der Fall ist.
- Gerade professionelle Anleger können

damit ihre Erwartungen über die Wertentwicklung von Basiswerten wie Aktienindizes oder Rohstoffe in konkrete Anlageprodukte umsetzen.
- Eine Anlage in diese Zertifikate bietet sich insbesondere für professionelle Investoren mit Wertpapiererfahrung und eigener Markteinschätzung an (aktives Investment).
- Sprint- und Outperformance-Zertifikate kommen mittlerweile auf einen Anteil von rund vier Prozent am gesamten Zertifikatemarkt. Aufgrund der interessanten Renditechancen sowie vergleichsweise transparenter Strukturen wird ein weiter steigendes Handelsvolumen erwartet. (1)

Beitrag

Strukturierte Anlagezertifikate sind derzeit so beliebt wie noch nie. Gerade individuelle Anlagestrategien lassen sich damit vielfach besser und einfacher umsetzen als dies bislang mit den "einfachen" Produkten (z. b. Call-Optionen) möglich war.

Bonus-, Sprint- und Outperformance-Zertifikate sind

moderne Anlageprodukte, deren Wertentwicklung sich auf einen vorab definierten Basiswert bezieht. Als Basiswerte kommen hierbei üblicherweise Aktien, Aktienindizes, Devisen oder Rohstoffe in Frage.

Die Angebotspalette und Ausgestaltungsvarianten dieser Produkte sind zahlreich und bieten entweder optimierte Renditechancen oder begrenzte Verlustrisiken im Vergleich zu einem Direktinvestment in den jeweiligen Basiswerten.

Möglich wird dies durch die Kombination mehrerer Instrumente zu einem kombinierten bzw. strukturierten Anlageprodukt. Das Grundprinzip dieser Produkte wirkt hierbei vereinfacht wie folgt: Die laufenden Dividenden- bzw. Zinszahlungen aus dem Basiswert werden nicht an den Anleger ausgeschüttet, sondern zum Erwerb von call-Optionen (Renditeoptimierung) oder von put-Optionen (Risikobegrenzung) aufgewendet.

Beispiele für Renditeoptimierung:

- Innerhalb bestimmter Bandbreiten profitiert der Anleger überproportional von der Wertentwicklung des Basiswertes in Form eines eingebauten Hebels (Multiplikator). Im Gegenzug verzichtet der Investor auf eine weitere Wertsteigerung, wenn die Kursentwicklung des Basiswertes eine obere Barriere überschreitet. (Sprint-Zertifikate)

- Outperformance-Zertifikate: Ab einem bestimmten Indexstand partizipiert der Anleger durch einen festgelegten Hebel überproportional von Kurssteigerungen. Im Gegenzug wird auf die Vereinnahmung von Dividendenzahlungen aus dem Basiswert während der Anlagedauer verzichtet, da die Dividendenerträge in den Erwerb von call-Optionen auf den Basiswert investiert werden. (6)

An fallenden Kursen des Basiswertes partizipiert der Investor üblicherweise in gleichem Ausmaß wie bei einer Direktinvestition, d. h. Wertverluste wirken sich 1 : 1 aus.

Beispiele für Risikobegrenzung:

Der Anleger verzichtet auf einen Teil der Ertragschancen (Dividenden, Kursgewinne) und sichert sich im Gegenzug die Mindestrückzahlung der eingesetzten Investitionssumme (Kapitalsicherung). Die angebotenen Produkte unterscheiden sich hierbei darin, ob der Kapitalerhalt auf jeden Fall gewährleistet ist , oder "nur" bis zu einer vorab definierten Untergrenze. Je nach Ausgestaltung spricht man dann von Protect Outperformance-Zertifikaten oder von Bonus-Zertifikaten.

Bonus-Zertifikate werden in der Regel als Basiswert mit einem Aktien- oder Rohstoffindex ausgestattet, da Indizes statistisch eine geringere Volatilität aufweisen als Einzeltitel.

Die vorgenannten Beispiele zeigen, dass für eine Anlage in die vorgenannten Zertifikate keine besondere oder einheitliche Marktentwicklung notwendig ist. Vielmehr können Markteinschätzungen von Investoren in zahlreichen Ausprägungen abgedeckt werden. (5)

Zusammenfassung

Der Anleger, der mit stärkeren Kursanstiegen rechnet und auf laufende Dividendenzahlungen verzichten kann, wird sich für Outperformance-Zertifikate entscheiden.
Möchte er gleichzeitig eine Risikoabsicherung für gewisse Kursrückschläge mit einbauen, sind Bonus-Zertifikate empfehlenswert.

Anleger, die einen moderaten Kursanstieg des

Basiswertes erwarten und hiervon überproportional profitieren möchten, sind mit Sprint-Zertifikaten gut beraten.
Risikoorientierte Anleger werden sich hingegen eher mit Protect Outperformance-Zertifikaten auseinander setzen.

Offener Punkt

-Die steuerliche Behandlung der Anlageerträge (Finanzinnovation oder Wertpapieranlage) ist jeweils im Einzelfall zu klären.

Fallbeispiele

Die Citigroup bietet ein Bonuszertifikat an, das sich auf die Wertentwicklung des DivDax bezieht, allerdings bleiben Dividendenzahlungen bei der Entwicklung des Kursindexes unberücksichtigt. Fällt der Basiswert während der Laufzeit (bis 31.08.2009) kein einziges Mal um mehr als 28 % unter sein Ausgangsniveau, erhält der Anleger eine Bonuszahlung von 22 %. (2)

Für sicherheitsorientierte Anleger ist die Sell-in-May-Anleihe der Commerzbank konzipiert. Hierbei wird auf Basis des Euro Stoxx 50 die Outperformance der Wintermonate gegenüber den Sommermonaten ermittelt. Von positiven Werten erhalten die Anleger eine Ausschüttung von 30 %, bei negativer Outperformance entfällt die Zinszahlung. Am Laufzeitende erfolgt eine Rückzahlung der Anleihe zu 100 %. Damit ist, bezogen auf das Laufzeitende, mindestens der Kapitalerhalt gesichert. (3)

Das Deep-Bonus-Zertifikat der ABN Amro bietet eine Anlage auf den japanischen Aktienindex Topix mit eingeschränkten Verlustrisiken. Erst bei einem Topix-Kurs von 650 Punkten oder niedriger, wandelt sich das Bonus-Zertifikat in ein normales Indexpapier mit entsprechender Verlustpartizipation. (9)

Outperformance-Zertifikate werden mittlerweile auch mit etwa 20 unterschiedlichen Rohstoffen als Basiswert angeboten. Derartige Anlagen sind allerdings nur erfahrenen Anlegern anzuraten. Deutlich überschaubarer sind die Risiken von Outperformance-Zertifikaten auf Rohstoffe, bei denen einerseits das Währungsrisiko zwischen US-Dollar und Euro ausgeschaltet ist, andererseits sich der Basiswert auf einen Rohstoffindex anstelle von Einzelwerten bezieht. (4)

Eine Übersicht von ausgewählten Bonus-Zertifikaten auf die Basisinstrumente Euro Stoxx 50 und Nikkei 225 ist über die "Quelle 8" abrufbar. (8)

Weiterführende Literatur

(1) O.V., Zertifikate stark beschleunigt, Focus-Money, 20.07.2005, Ausgabe 30, S. 30 32
aus Going Public, Heft 7/2005, S. 50-51

(2) Bonus statt Dividende Neu am Markt
aus Financial Times Deutschland vom 06.07.2005, Seite 24

(3) Verkauf im Mai und bleib dabei Schwache Monate aussitzen, starke Monate nutzen - mit Strategiezertifikaten können Anleger auf saisonale Börsenmuster setzen
aus Financial Times Deutschland vom 29.06.2005, Seite 24

(4) Auf Schatzsuche gehen Es muss nicht immer DAX & Co. sein. \ War die Spekulation mit Hebelpapieren auf Rohstoffe lange Zeit schwierig, können Anleger heute ohne großen Aufwand mit Derivaten auf die unterschiedlichsten Rohstoffe setzen. Fonds, Zertifikate, Hebelprodukte, Zinspapiere - die Möglichkeiten, an den Kapitalmärkten zu investieren, sind vielfältig. \ BÖRSE ONLINE nimmt in

regelmäßigen Schwerpunkten spezielle Aspekte dieser Anlagepalette unter die Lupe.
aus Börse Online vom 07.07.2005, Seite 48

(5) "Individuelle Anlageziele und Markterwartung in Einklang bringen"
aus Smart Investor, Heft 06/2005, S. 19

(6) Dividenden in erhöhte Ertragschancen tauschen Outperformance-Zertifikate zur Portfoliooptimierung
aus Börsen-Zeitung, 04.06.2005, Nummer 105, Seite B11

(7) Gehebelt wird nur, wenn's aufwärts geht Dank ihrer Konstruktion und der aktuellen Marktgegebenheiten könnten sich Outperformance-Zertifikate als Produkt der Stunde erweisen
aus Financial Times Deutschland vom 17.06.2005, Seite BE9

(8) Hoch hinaus mit Bonus Mit Bonuszertifikaten stellt sich ein Anleger selten schlechter als bei einer Direktanlage. Wenn die Bedingung für die Bonuszahlung erfüllt ist, kassiert der Zertifikateinhaber attraktive Renditen, die zudem steuerfrei sind. An höheren Kursen des zugrunde liegenden Basiswerts partizipiert er ebenfalls voll.
aus Börse Online vom 25.08.2005, Seite P16

(9) Anlage-Zertifikate ermöglichen risikoarmes Nikkei-Investment Bonus-Papiere puffern eventuelle Verluste ab

aus Börsen-Zeitung, 24.08.2005, Nummer 162, Seite 19

Impressum

Bonus-, Sprint- und Outperformance-Zertifikate - individuelle Anlagemöglichkeiten für Investoren

Bibliografische Information der deutschen Nationalbibliothek

Die Deutsche Nationalbibliothek verzeichnet diese Publikation in der deutschen Nationalbibliografie; detaillierte bibliografische Daten sind im Internet über http://dnb.d-nb.de abrufbar.

ISBN: 978-3-7379-0563-3

© 2015 GBI-Genios Deutsche Wirtschaftsdatenbank GmbH, Freischützstraße 96, 81927 München, www.genios.de

Alle Rechte vorbehalten. Dieses Werk ist einschließlich aller seiner Teile – z.B. Texte, Tabellen und Grafiken - urheberrechtlich geschützt. Jede Verwertung außerhalb der Grenzen des Urheberrechtsgesetzes bedarf der vorherigen Zustimmung des Verlags. Dies gilt insbesondere auch für auszugsweise Nachdrucke, fotomechanische Vervielfältigungen (Fotokopie/Mikroskopie), Übersetzungen, Auswertungen durch Datenbanken oder ähnliche Einrichtungen und die Einspeicherung und Verarbeitung in elektronischen Systemen.